BEI GRIN MACHT SICH IHR WISSEN BEZAHLT

- Wir veröffentlichen Ihre Hausarbeit, Bachelor- und Masterarbeit

- Ihr eigenes eBook und Buch - weltweit in allen wichtigen Shops

- Verdienen Sie an jedem Verkauf

Jetzt bei www.GRIN.com hochladen und kostenlos publizieren

Trainingslehre in der Fitnessökonomie. Beweglichkeits- und Koordinationstraining für eine 21-jährige Frau

Bibliografische Information der Deutschen Nationalbibliothek:

Die Deutsche Nationalbibliothek verzeichnet diese Publikation in der Deutschen Nationalbibliografie; detaillierte bibliografische Daten sind im Internet über http://dnb.d-nb.de abrufbar.

ISBN: 9783346900920
Dieses Buch ist auch als E-Book erhältlich.

Druck und Bindung: Books on Demand GmbH, Norderstedt Germany
Gedruckt auf säurefreiem Papier aus verantwortungsvollen Quellen

Das vorliegende Werk wurde sorgfältig erarbeitet. Dennoch übernehmen Autoren und Verlag für die Richtigkeit von Angaben, Hinweisen, Links und Ratschlägen sowie eventuelle Druckfehler keine Haftung.

Das Buch bei GRIN: https://www.grin.com/document/1368384

Deutsche Hochschule für

Prävention und Gesundheitsmanagement

Hermann Neuberger Sportschule 3

66123 Saarbrücken

Einsendeaufgabe

Fachmodul: Trainingslehre III

Studiengang: Bachelor of Arts Fitnessökonomie

Inhaltsverzeichnis

1 Personendaten

Tab. 1 Personendaten mit Hinblick auf Belast-/Trainierbarkeit

	Angaben	Belastbarkeit/Trainierbarkeit
Alter	21	perfekt
Geschlecht	Weiblich	
Körpergröße	164 cm	
Körpergewicht	60,4 kg	
Trainingsmotive	Beweglichkeit/Koordination fürs Turnen	
Berufliche Tätigkeit	Ausbildung zur Rechtsanwaltsfachangestellten	
Frühere sportliche Aktivitäten/Trainingsumfang	Tennis - aufgehört vor 3 Jahren/2-mal die Woche	perfekt
Aktuelle sportliche Aktivitäten/Trainingsumfang	Turnen/2-mal die Woche	perfekt
Leistungsstufe	gut trainiert	perfekt
Zeitlicher Verfügungsrahmen	3-mal die Woche	perfekt
Orthopädische Probleme	Keine	perfekt
Internistische Probleme	Keine	perfekt
Ärztliche Behandlungen	Keine	perfekt
Einnahme von Medikamenten	Keine	perfekt
Sonstige gesundheitliche Einschränkungen	Keine	perfekt

2 Beweglichkeitstestung

Tab. 2 Beweglichkeitstestung

Getestete Muskulatur und Durchführung des Tests	Normwerte zur Beurteilung der Beweglichkeit	Testergebnisse mit Bewertung/Interpretation
Brustmuskulatur (M. pectoralis major): • Rückenlage auf der Behandlungsliege – Beine zwecks Beckenfixierung angewinkelt. • Füße liegen flach auf • Der Thorax wird durch leichten Zug vom Tester in diagonaler Richtung von der zu testenden Seite weg fixiert. • Schultergelenk ist in einer Abduktion und Außenrotation. • Ellenbogengelenk 90° angewinkelt. • Messbereich ist die Position des Oberarmes zu Horizontalen. • Es darf kein Abheben des Beckens oder eine Hyperlordose in der Lendenwirbelsäule stattfinden. • Fixierung des Beckens geschieht durch das Aufstellen der Beine. • Stabilisierung der LWS wird durch die Anspannung der Bauchmuskulatur erreicht. (Janda, 2000, S. 270)	Stufe 0: Keine Beweglichkeitsdefizite; Oberarm erreicht die Horizontale; durch leichten Druck des Testers kann Oberarm unter die Horizontale bewegt werden. Stufe 1: Leichte Beweglichkeitsdefizite; Oberarm erreicht die Horizontale nicht; durch leichten Druck des Testers kann Oberarm bis zur Horizontale bewegt werden. Stufe 2: Deutliche Beweglichkeitsdefizite; Oberarm erreicht Horizontale auch durch Druck des Testes nicht. (Janda, 2000, S. 271)	Ergebnis: Stufe 0 • Keine Bewegungsdefizite. • Oberarm erreicht punktgenau die Horizontale. Durch Dehnübungen kann die Beweglichkeit auf jeden Fall gehalten werden. Zwecks Schreibtischtätigkeit sollte diese auch verbessert werden.
Hüftbeugemuskulatur (speziell M. iliopsoas): • Rückenlage auf der Behandlungsliege. • Das Gesäß schließt mit dem Rand der Liege ab. • Beine sind im Überhang. • Ein angewinkeltes Bein wird maximal zum Körper herangezogen – anderes Bein bleibt im Überhang. • Beobachtet wird die Hüftflexion des freien Beines. • Messbereich ist die Position des Oberschenkels im	Stufe 0: Keine Beweglichkeitsdefizite; Oberschenkel erreicht Horizontale; durch leichten Druck des Testers kann Oberschenkel unter Horizontale bewegt werden. Stufe 1: Leichte Beweglichkeitsdefizite; leichte Hüftbeugestellung; durch leichten Druck des Testers kann Oberschenkel bis zur Horizontale bewegt werden. Stufe 2:	Ergebnis: Stufe 0 • Keine Bewegungsdefizite. • Oberschenkel ist sogar minimal unter der Horizontalen. Da die Person aber täglich sitzende Tätigkeiten vollzieht bei der Ausbildung zur Rechtsanwaltsfachangestellten kann sich dieses verschlechtern. Deshalb sollte hier auf jeden Fall vorgebeugt werden.

Verhältnis zur Körperlängs-achse (Hüftbeugewinkel). • Es darf kein Abheben des Beckens oder eine Hyperlordose in der Lendenwirbelsäule stattfinden. • Stabilisierung des Beckens und der LWS wir durch Zug am Bein bis zu maximalen Hüftflexion erreicht. • LWS-Fixierung wird zusätzlich erreicht, wenn der Tester die freie Hand unter die LWS schiebt und dann Druck ausüben lässt. (Janda, 2000, S. 258)	Deutliche Beweglichkeitsdefizite; Oberschenkel erreicht Horizontale auch durch Druck des Testers nicht. (Janda, 2000, S. 259)	
Kniestreckmuskulatur (speziell M. rectus femoris): • Rückenlage auf der Behandlungsliege. • Das Gesäß schließt mit dem Rand der Liege ab. • Beine sind im Überhang. • Ein angewinkeltes Bein wird maximal zum Körper herangezogen. • Gegenbein wird vom Tester im maximal möglichen Hüftextensionswinkel fixiert. • Das Bein wird vom Tester in den größtmöglichen Kniebeugewinkel geführt. • Messbereich ist der Winkel zwischen Ober- und Unterschenkel (Kniebeugewinkel). • Es darf kein Abheben des Beckens oder eine Hyperlordose in der Lendenwirbelsäule stattfinden. • Stabilisierung des Beckens und der LWS wir durch Zug am Bein bis zu maximalen Hüftflexion erreicht. • Beugung im Kniegelenk darf nicht durch die Auflagefläche/Liege behindert werden. (Janda, 2000, S. 258)	Stufe 0: Keine Beweglichkeitsdefizite; Unterschenkel hängt senkrecht herab; durch leichten Druck des Testers ist es möglich, die Kniebeugung zu vergrößern. Stufe 1: Leichte Beweglichkeitsdefizite; Unterschenkel ist leicht nach vorne gestreckt; durch leichten Druck des Testers ist es möglich, einen 90° Kniebeugewinkel zu erreichen. Stufe 2: Deutliche Beweglichkeitsdefizite; Unterschenkel ist deutlich nach vorne gestreckt; auch durch Druck des Testers wird 90° Kniebeugewinkel nicht erreicht. (Janda, 2000, S. 259)	Ergebnis: Stufe 0 • Keine Bewegungsdefizite. • Unterschenkel beschreibt eine senkrechte. Auch hier gilt wie bei der Hüftbeugemuskulatur, dass vorgebeugt werden muss um der ständig sitzenden Tätigkeit vorzubeugen.
Kniebeugemuskulatur (Mm. ischiocrurales): • Rückenlage auf der Behandlungsliege.	Stufe 0: Keine Beweglichkeitsdefizite; die Flexion im Hüftgelenk ist im Ausmaß von 90° möglich.	Ergebnis: Stufe 0 • Keine Bewegungsdefizite. • Es werden genau 90° erreicht

• Nicht zu testendes Bein ist im Hüft- und Kniegelenk gebeugt. • Das zu testende Bein wird bei gestrecktem Kniegelenk vom Tester in die maximal mögliche Hüftflexion geführt - Patella bleibt frei. • Messbereich ist der Winkel zwischen Bein und Longitudinalachse (Hüftbeugewinkel). • Es darf kein Abheben des Beckens oder eine Hyperlordose in der Lendenwirbelsäule stattfinden. • Das zu testende Bein muss gestreckt bleiben. • Gegenbein darf die Ausgangsposition nicht verlassen. (Janda, 2000, S. 261)	Stufe 1: Leichte Beweglichkeitsdefizite; die Flexion im Hüftgelenk ist bis zwischen 80-90° möglich. Stufe 2: Deutliche Beweglichkeitsdefizite; die Flexion im Hüftgelenk ist nur unter 80° möglich. (Janda, 2000, S. 262)	Auch hier sollte wieder vorgebeugt werden um den Problemen, die die sitzende Tätigkeit mit sich bring vorzubeugen.
Wadenmuskulatur (Mm. triceps surae): • Rückenlage auf der Behandlungsliege. • Nicht zu testendes steht gebeugt auf der Unterlage. • Das zu testende Bein ist gestreckt. • Tester greift mit einer Hand das Fersenbein hinten und mit der anderen von der Fußaußenkante aus. • Der Tester übt einen Hauptzug an der Ferse aus und zieht distalwärts. • Daumen der anderen Hand bringt den Vorfuß in eine maximale Dorsalextension. • Durch zusätzliche Beugung im Kniegelenk kann man den M. soleus isoliert testen. • Verfälscht wird das Ergebnis, wenn in der Mitte der Fußsohle gedrückt wird. (Janda, 2000, S. 255)	Stufe 0: Keine Beweglichkeitsdefizite; eine Dorsalextension ist mindestens bis zur 0°-Stellung möglich (90° zwischen Fuß und Unterschenkel). Stufe 1: Leichte Beweglichkeitsdefizite; die 0°-Stellung wird nicht erreicht; eine Dorsalextension ist aber möglich. Stufe 2: Deutliche Beweglichkeitsdefizite; eine Dorsalextension ist nur bis 10° unterhalb der 0°-Stellung möglich. (Janda, 2000, S. 255)	Ergebnis: Stufe 0 • Keine Bewegungsdefizite. • 0° Stellung wird etwas überschritten Früher hatte die Person Wadenkrämpfe und dehnt deswegen die Muskulatur schon regelmäßig.

3 Trainingsplanung Beweglichkeitstraining

3.1 Trainingsplanung

Tab. 3 Trainingsplanung zum Beweglichkeitstraining

Anvisierte Zielmuskulatur	Dehnform	Arbeitsweise	Durchführung der Dehnübung
M. trapezius	passiv	statisch	• Stehende Position (Hüftbreit – Beine leicht gebeugt). • Eine Hantel oder ein etwas schwerer Gegenstand in eine Hand nehmen damit die Schulter nach unten gezogen wird. • Kopf wird langsam zur entgegengesetzten Seite mit Blickrichtung nach vorne geneigt. • Endposition erreicht, wenn der Kopf maximal abgeknickt wurde • Position halten – jede Seite einzeln.
M. pectoralis major	aktiv	statisch	• Stehende Position (Hüftbreit – Beine leicht gebeugt). • Aufrechter Stand ohne Hohlkreuz. • Kopf beschreibt die Verlängerung der Wirbelsäule. • Brustbein ist leicht angehoben. • Schultern werden leicht gesenkt und im Bauch herrscht eine Grundspannung. • Schultern machen eine Außenrotation und Arme werden mit leicht abgeknicktem Ellenbogen nach oben geführt. • Handflächen zeigen nach vorne. • Endposition der Arme ist erreicht, wenn die Hände auf Augenhöhe sind. • Aktive Dehnung wird geschaffen durch Bewegung der Arme nach hinten (Retroversion). • Position halten
M. latissimus dorsi	aktiv	statisch	• Stehende Position (Hüftbreit – Beine leicht gebeugt). • Oberkörper aufrecht und das Becken bleibt still. • Arme werden nach oben gestreckt und über dem Kopf verschlossen. • Die arme ziehen aktiv nach oben. • Zur Verstärkung der Dehnung neigen wir uns soweit es geht zur Seite mit Blick nach vorne. • Position halten – jede Seite einzeln.
M. pectoralis major	passiv	statisch	• Terraband wird auf Kopfhöhe im Raum festgemacht, so dass zwei Enden hinabhängen. • Stehende Position (Hüftbreit – Beine leicht gebeugt) mit dem Rücken zum Terraband. • Beide Enden des Terrabandes mit je einer Hand nehmen.

			• So weit nach vorne gehen, dass der Körper aufrecht ist und die Arme seitlich abstehen mit leicht gebeugtem Ellenbogen (sieht aus als bildet man ein Kreuz). • Einen Schritt nach vorne gehen. • Hände auf Augenhöhe halten. • Position halten
M. erector spinae lumbalis	aktiv	dynamisch	• Ausgangstellung ist der Vierfüßlerstand. • Rücken beschreibt eine gerade Linie. • Nun wird der Rücken aktiv nach oben gebracht (rund machen). • Kopf bewegt sich nach unten. • Endposition ist der sogenannte Katzenbuckel. • Rücken wird wieder gerade gebracht. • Ausführung dynamisch im Wechsel.
M. glutaeus maximus	passiv	statisch	• Ausgangstellung ist der Vierfüßlerstand. • Das rechte Bein vor das linke Bein bringen, so dass beide eine Linie bilden. • Vorderes knie wird da wo es ist „fixiert" und der Unterschenkel dreht sich nach links. • Das linke Bein wird nun gestreckt und langsam mit dem Gesäß zusammen nach hinten bewegt. • Oberkörper legt sich auf das rechte Bein ab und Arme werden nach vorne locker hingelegt. • Position halten – jede Seite einzeln.
M. quadrizeps femoris	passiv	statisch	• Eine kniende, aufrechte Position wird eingenommen. • Oberkörper gerade und Kopf beschreibt die Verlängerung der Wirbelsäule. • Ein Bein wird nach vorne genommen und mit der Fußsohle aufgesetzt. • Knie bildet einen 90° Winkel. • Mit der Hand, auf der Seite sich der noch liegende Unterschenkel befindet, wird dieser am Fuß gefasst und Richtung Gesäß gezogen. • Position halten – für jedes Bein einzeln.
M. obliquus externus abdominis	passiv	statisch	• Sitzend auf dem Boden/Matte. • Beine sind ausgestreckt und Oberkörper aufrecht. • Rechtes Bein wird gebeugt und mit dem Fuß links neben das linke Knie gesetzt. • Linkes Bein bleibt gestreckt. • Der Oberkörper wird jetzt um 90° nach rechts gedreht. • Position halten – jede Seite einzeln.
M. iliopsoas	aktiv	dynamisch	• Flach auf dem Rücken liegen. • Nacken bleibt gerade. • Ein Knie wird angewinkelt mit beiden Händen fest an die Brust gebracht. • Es darf kein Hohlkreuz entstehen.

			• Anderes Bein bleibt ausgestreckt flach am Boden liegen. • Ausführung dynamisch im Wechsel
M. ischiocrurale	passiv	postisomet-risch	• Rückenlage auf dem Boden/Matte. • Arme parallel neben dem Körper. • Ein Bein bleibt ausgestreckt liegen. • Das andere Bein wird ausgestreckt nach oben bewegt. • Der Trainer nimmt dieses Bein und legt es auf seine Schulter. • Bein bleibt die ganze Zeit gestreckt. • Zur Fixierung umfasst der Trainer das Bein der Kunden am Knie. • Die Person drückt jetzt mit dem Bein gegen die Schulter des Trainers – 10 Sekunden. • Dann wird kurzzeitig entspannt – 3 Sekunden. • Der Trainer bringt nun das Bein weiter in die Dehnung bis zur Dehnschwelle. • Diese Position wird nun 10 Sekunden gehalten. • Jetzt erfolgt wieder das drücken mit dem Bein gegen die Schulter (10 Sekunden), kurzzeitige Entspannung (3 Sekunden) und Dehnung bis zu Dehnschwelle (10 Sekunden). • Der Verlauf wird 4-Mal wiederholt.

3.2 Belastungsgefüge

Tab. 4 Belastungsgefüge zum Beweglichkeitstraining

Trainingshäufigkeit pro Woche	3-mal pro Woche
Sätze pro Übung	4 Sätze
Dehndauer	Statisch: 30 Sekunden Dynamisch: 15 Wiederholungen Postisometrisch: 4 Durchgänge
Intensität	maximal

3.3 Begründung

Um der Trägheit der durch die tägliche sitzende Arbeit entgegenzuwirken wird ein Beweglichkeitstraining durchgeführt. Auch um das Verletzungsrisiko zu minimieren, das durch das Turnen anfällt, bekräftigt ein Beweglichkeitstraining.

Im Beweglichkeitstest wurden keine dramatischen Ergebnisse erzielt. Ganz im Gegensatz, die Testperson hat überall die Stufe 0 erreicht.

Deshalb dient das Beweglichkeitstraining hier nur der Vorbeugung. Alle Übungen sind darauf ausgelegt in Eigendehnung vollzogen zu werden. Nur für die postisometrische Dehnung wird eine Person gebraucht.

Die Reihenfolge der Dehnübungen ist so gewählt, dass die Testperson vom stehen in die liegende Position gebracht wird.

Für die Trainingshäufigkeit wurde sich an die Vorgaben der Testperson gehalten.

Dehndauer wurde mit 30 Sekunden festgelegt. Denn es wird eine Dehndauer von 15-30 Sekunden für einen optimalen Dehneffekt vorgeschlagen (Magnusson, McHugh, Gleim, & Nicholas, 1993, S. 140).

Da die Testperson schon sportlich ist und auch dehnbar können schwerere Übungen ausgewählt werden, denn die Belastung beim Dehnen ist so groß, dass allein dadurch Muskelkater erzeugt werden kann (Smith, et al., 1993). Dies wird auch eher bei statischem Dehnen als bei dynamischem Dehnen erzeugt (Wiemann & Kamphöver, 1995).

4 Trainingsplanung Koordinationstraining

4.1 Trainingsplanung

Tab. 5 Trainingsplanung zum Koordinationstraining

Übung	Hilfsmittel bzw. Kleingeräte	Beschreibung
1. Balancieren auf einem BOSU®-Ball mit offenen Augen	BOSU®-Ball	• Testperson steht mit offenen Augen auf einem BOSU®-Ball. • Das Gleichgewicht wird versucht zu halten. • Das Körpergewicht wird auf die Fußballen verlagert und anschließend die Fersen angehoben, dann wieder abgesetzt. • Arme können als Ausgleichshilfe benutzt werden. • Ruhig Atmen.
2. Balancieren auf einem BOSU®-Ball mit geschlossenen Augen	BOSU®-Ball	• Testperson steht mit geschlossenen Augen auf einem BOSU®-Ball. • Das Gleichgewicht wird versucht zu halten. • Das Körpergewicht wird auf die Fußballen verlagert und anschließend die Fersen angehoben, dann wieder abgesetzt. • Arme können als Ausgleichshilfe benutzt werden. • Ruhig Atmen.
3. Balancieren auf einem Bein auf einem BOSU®-Ball mit offenen Augen	BOSU®-Ball	• Testperson steht einbeinig mit offenen Augen auf einem BOSU®-Ball. • Das Gleichgewicht wird versucht zu halten. • Arme können als Ausgleichshilfe benutzt werden. • Ruhig Atmen.
4. Balancieren auf einem Bein auf einem BOSU®-Ball mit geschlossenen Augen	BOSU®-Ball	• Testperson steht einbeinig mit geschlossenen Augen auf einem BOSU®-Ball. • Das Gleichgewicht wird versucht zu halten. • Arme können als Ausgleichshilfe benutzt werden. • Ruhig Atmen
5. Stand auf BOSU®-Ball mit Ballprellen	BOSU®-Ball, Redondo® Ball	• Beidbeiniger Stand auf dem BOSU®-Ball.

			• Das Gleichgewicht wird versucht zu halten.
			• Redondo® Ball wird nun auf den Boden geprellt, im Wechsel der Hände.
6.	Stand auf BOSU®-Ball mit eigenem Ballwerfen und Ballfangen	BOSU®-Ball, Redondo® Ball	• Beidbeiniger Stand auf dem BOSU®-Ball.
			• Das Gleichgewicht wird versucht zu halten.
			• Redondo® Ball wird mit beiden Händen gegriffen und nach oben hinter den Kopf gebracht.
			• Von dieser Position frontal gegen die Wand geworfen.
			• Gefangen wird auf Brusthöhe.
7.	Stand auf BOSU®-Ball mit fremden Ballwerfen und eigenem Ballfangen	BOSU®-Ball, Redondo® Ball, Trainingspartner	• Beidbeiniger Stand auf dem BOSU®-Ball.
			• Das Gleichgewicht wird versucht zu halten.
			• Blickrichtung gegen die Wand.
			• Trainingspartner steht hinter der Testperson und wirft den Ball über diese gegen die Wand.
			• Testperson fängt den Ball.
8.	Balancieren auf einem Bein auf einem BOSU®-Ball mit offenen Augen und Krafteinwirkung	BOSU®-Ball, Trainingspartner	• Testperson steht einbeinig mit offenen Augen auf einem BOSU®-Ball.
			• Das Gleichgewicht wird versucht zu halten.
			• Arme werden nach vorne gestreckt gegen die Arme des Trainingspartners.
			• Trainingspartner drückt in willkürlicher Reihenfolge mit jeweils einem Arm nach vorne oder zieht einen Arm zurück.
			• Testperson versucht die Balance zu wahren.
9.	Balancieren auf einem Bein auf einem BOSU®-Ball mit geschlossenen Augen und Krafteinwirkung	BOSU®-Ball, Trainingspartner	• Testperson steht einbeinig mit geschlossenen Augen auf einem BOSU®-Ball.
			• Das Gleichgewicht wird versucht zu halten.
			• Arme werden nach vorne gestreckt gegen die Arme des Trainingspartners.
			• Trainingspartner drückt in willkürlicher Reihenfolge mit jeweils einem Arm nach vorne oder zieht einen Arm zurück.

			• Testperson versucht die Balance zu wahren.
10. Anlaufen mit Sprung auf BOSU®-Ball	BOSU®-Ball		• Testperson steht 3-5 Meter vom BOSU®-Ball entfernt.
			• Es wird locker Anlauf genommen und 1 Meter vor dem BOSU®-Ball abgesprungen.
			• Bei der Landung wird Genauigkeit gefragt und ein guter Gleichgewichtssinn um möglichst schnell Auszubalancieren.
			• Die Testperson sollte möglichst auf dem BOSU®-Ball bleiben nach der Landung.

4.2 Belastungsgefüge

Tab. 6 Belastungsgefüge zum Koordinationstraining

Trainingshäufigkeit pro Woche	3-mal pro Woche
Sätze pro Übung	3 Sätze
Satzpausen	30 Sekunden
Belastungsdauer	30 Sekunden

4.3 Begründung

Es wurde die methodische Maßnahme der Progression angewendet (Chwilkowski, 2006, S. 56-58).

- Von leichten zu schwierigen Bewegungsaufgaben
- Von einfachen zu komplexen Anforderungen
- Von statischen zu dynamischen Anforderungen
- Von Übungen mit offenen Augen zu Übungen mit geschlossenen Augen
- Manuelle Widerstände

Alle Übungen bauen aufeinander auf. Hauptaugenmerk wurde auf das Turnen gelegt und deswegen stand der Gleichgewichtssinn im Vordergrund. Denn die Balance zu halten ist im Turnen von größter Wichtigkeit. Auch in diesem Plan wurde darauf geachtet, dass nach jeder Turnübung meist ein Sprung, bzw. Abgang im Vordergrund steht. Auf diesen zielt die letzte Übung speziell ab.

Für die Trainingshäufigkeit wurde sich an die Vorgaben der Testperson gehalten.

Damit das Training nicht über 45 Minuten hinaus geht wurden bei 10 Übungen die Satzzahl auf drei festgelegt und die Belastungsdauer sowie die Satzpausen auf 30 Sekunden (Häfelinger & Schuba, 2007).

5 Literaturrecherche „Effekte des Dehnens auf die Muskellänge"

5.1 1. Studie - The Effect of Static Stretch and Warm-up Exercise on Hamstring Length Over the Course of 24 Hours

Tab. 7 1.Studie (Weijer, Gorniak, & Shamus, 2003)

Wer hat die Studie durchgeführt?	Volkert C. de Weijer, Gerard C. Gorniak, Eric Shamus
In welchem Jahr wurde die Studie publiziert?	2003
Mit welchen Versuchspersonen wurde die Studie durchgeführt?	• 56 Versuchspersonen (zw. 18-42 Jahre) • mit begrenzter bilateraler Länge der Oberschenkelmuskulatur
Wie sah der Versuchsaufbau der Studie aus?	Aufteilung in 4 Gruppen: • Aufwärmen und statische Dehnung • nur statische Dehnung • nur Aufwärmen • Kontrolle Aufwärmen: 10 Minuten Treppensteigen bei 70% der maximalen Herzfrequenz. Statische Dehnung: Eine Sitzung von drei 30-Sekunden passivem Strecken der ischiokruralen Muskulatur. Die Länge der Kniesehne wurde vor der Einheit und in mehreren Intervallen nach der Einheit gemessen (sofort; nach 15 Minuten; nach 60 Minuten; nach 4 Stunden; nach 24 Stunden), wobei der aktive Kniestreckungstest (AKE-Test) verwendet wurde.

Welche relevanten Ergebnisse und Schlussfolgerungen lieferten die Studie?	• Die Aufwärm- und statische Dehnungsgruppe und die statische Dehnungsgruppe zeigten eine signifikante Zunahme der Hamstringlänge zwischen Voruntersuchung und allen postinterventionellen Messungen.
	• 24 Stunden nach der Streckung:
	  o aufwärm- und statische Dehnungsgruppe einen mittleren Anstieg von 10,3°
	  o statische Dehnungsgruppe einen mittleren Anstieg von 7,7°
	• Die Gruppen mit statischer Dehnung und die Aufwärm- und statische Dehnung unterschieden sich nicht signifikant voneinander.
	• Kontroll- und Aufwärmgruppen zeigten keine signifikante Zunahme der Kniesehnenlänge zwischen Voruntersuchung und einer der Nachuntersuchungsmessungen.
	• Eine signifikante Zunahme der Kniesehnenlänge kann bei Verwendung statischer Dehnung bis zu 24 Stunden aufrechterhalten werden.
	• Die Hinzufügung einer Aufwärmübung vor dem Strecken scheint die Wirksamkeit der statischen Kniesehnenstreckung nicht signifikant zu erhöhen.

5.2 2. Studie - Comparison of Ballistic and Static Stretching on Hamstring Muscle Length Using an Equal Stretching Dose

Tab. 8 2.Studie (Covert, Alexander, Petronis, & Davis, 2010)

Wer hat die Studie durchgeführt?	Covert, Christopher A; Alexander, Melanie P; Petronis, John J; Davis, D Scott
In welchem Jahr wurde die Studie publiziert?	2010
Mit welchen Versuchspersonen wurde die Studie durchgeführt?	32 Versuchspersonen (zw. 18-27 Jahren) • 16 männlich • 16 weiblich Ausgeschlossen wurden Personen mit einem Kniestreckwinkel von weniger als 20°
Wie sah der Versuchsaufbau der Studie aus?	• Die Probanden wurden zufällig einer von 3 Gruppen zugeordnet: ballistisches Dehnen, statisches Dehnen oder Kontrollgruppe. • Die Teilnehmer in den Versuchsgruppen (ballistische und statische Dehnung) absolvierten eine 30-sekündige Streckung dreimal pro Woche über einen Zeitraum von 4 Wochen.
Welche relevanten Ergebnisse und Schlussfolgerungen lieferten die Studie?	• Eine Post-hoc-Analyse zeigte, dass sowohl die statische als auch die ballistische Streckgruppe eine größere Zunahme der Kniesehnenlänge bewirkten als die Kontrollgruppe. • Die statische Streckgruppe zeigte einen statistisch stärkeren Anstieg der Muskellänge der Oberschenkelmuskulatur als die ballistische Streckgruppe. • Keine Verletzungen oder Komplikationen wurden beiden Stretchingprogrammen zugeschrieben.

6 Literaturverzeichnis

Chwilkowski, C. (2006). *Medizinisches Koordinationstraining – Verbesserung der Haltungs- und Bewegungskoordination durch Propriozeption* (2 Ausg.). Köln: Deutscher.

Covert, C., Alexander, M., Petronis, J., & Davis, D. (2010). Comparison of ballistic and static stretching on hamstring muscle length using an equal stretching dose. *Journal of Strength and Conditioning Research, Volume:24 Issue:11*, 3008-3014.

Häfelinger, U., & Schuba, V. (2007). *Koordinationstherapie - propriozeptives Training* (3 Ausg.). Aachen: Meyer & Meyer.

Janda, V. (2000). *Manuelle Muskelfunktionsdiagnostik* (4 Ausg.). München: Urban und.

Magnusson, S., McHugh, M., Gleim, G., & Nicholas, J. (1993). Tension decline from passive static stretch. *25*, S. 140.

Smith, L., Brunetz, M., Chenier, T., McCammon, M., Houmard, J., Franklin, M., & Israel, R. (1993). The effects of static and ballistic stretching on delayed onset muscle soreness and creatine kinase. *Research Quarterly for, 1*, S. 103-107.

Weijer, V., Gorniak, G., & Shamus, E. (2003). The Effect of Static Stretch and Warm-up Exercise on Hamstring Length Over the Course of 24 Hours. *Journal of Orthopaedic & Sports Physical Therapy, Volume:33 Issue:12*, 727-733.

Wiemann, K., & Kamphöver, M. (1995). Verhindert statisches Dehnen das Auftreten von Muskelkater nach exzentrischem Training? *Deutsche Zeitschrift für Sportmedizin*, S. 411-421.

7 Tabellenverzeichnis